«I M

63

A mio marito Claudio
e ai miei bambini Pietro, Filippo e Andrea

Via dell'Angelo Custode, 33
55100 Lucca
Tel. 0583 440188
Fax 0583 464656
e-mail: mpf@pacinifazzi.it
www.pacinifazzi.it

Un particolare ringraziamento a Mariolina Mancini

ISBN 978-88-7246-930-9

Pane...
amore e fantasia

Ricette per usare il pane raffermo

di
Lavinia Bindi

mfp

maria pacini fazzi editore

Prefazione

In casa nostra non si sprecava nulla. Figuriamoci il pane.

Era un pane scuro, cotto in campagna nel forno a legna e ogni lunedì, insieme alla verdura, il contadino ci portava quanto serviva per tutta la settimana.

Quello secco, che proprio non si poteva mangiare più a tavola, veniva messo in un sacchetto bianco appeso a un chiodo con un nastro e adoprato quando serviva: per zuppe, polpettoni, ribollita, pappa al pomodoro.

Anche quando non ci fu più né il contadino né il pane vero di campagna, il pane avanzato veniva messo nel sacchetto bianco.

Bisogna dire che il pane toscano, senza sale e senza grassi, si conserva meglio del pane delle altre regioni; ma con tutti i pani d'Italia si possono fare le stesse ricette e se la consistenza è un po' diversa, pazienza.

Perché, con quel che costa il pane... è meglio non buttarlo via se è secco, quando si può utilizzarlo in ricette gustose, semplici da fare, belle da vedere.

Molte di queste appartengono alla parsimoniosa tradizione toscana, ma ogni famiglia ha le sue e io qui propongo quelle di casa mia.
Spero che vi piacciano!

Lavinia Bindi

ANTIPASTI

Crostini di fegatini

8 fettine di pane raffermo; 150 gr. di milza di vitello; 200 gr. di fegatini di pollo; ½ cipolla; 2 acciughe sotto sale; 1 cucchiaio di capperi salati; 1 pizzico di pepe; 1 pizzico di sale; olio vergine di oliva.

Tagliate a fettine la cipolla e fatela imbiondire nell'olio; pulite la milza passandoci sopra un coltello in modo che risulti come un purè, aggiungete i fegatini, facendo attenzione a togliere tutta la bile, e mettete il tutto a rosolare con la cipolla a fuoco vivace. Aggiungete le acciughe e i capperi, salate e pepate. Passate nel tritatutto o rapidamente nel frullatore, in modo che l'impasto non appaia troppo omogeneo. Se fosse troppo denso, allungatelo con poco brodo. Tostate le fette di pane e spalmateci sopra uno strato abbastanza alto del composto.

Panfritto

pane raffermo a fette piuttosto piccole; latte; 1 uovo intero sbattuto; olio d'oliva.

Bagnate le fette di pane nel latte, poi passatele nell'uovo e friggetele; servitele bollenti.

Robiola al bagnet vert

2 fette di pane raffermo; 5 spicchi di aglio; 1 manciata di prezzemolo; 4 acciughe sotto sale; 2 cucchiai di aceto di vino rosso; 1 pizzico di peperoncino tritato; sale; 1 bicchiere di olio vergine di oliva; 400 gr. di robiola.

Bagnate il pane nell'aceto, poi tritate insieme il pane, l'aglio, le acciughe, in precedenza lavate e asciugate, l'aceto, il peperoncino, il sale; da ultimo aggiungete il prezzemolo e amalgamate con l'olio. Versate il composto sopra la robiola tagliata a fette e lasciate riposare un quarto d'ora prima di servire.

Le bruschette

Le bruschette non hanno bisogno di presentazione; ognuno può inventare la sua, magari ispirandosi a qualcuna di queste!

Fettunta

La ricetta più classica prevede soltanto fette di pane raffermo e abbrustolito, strusciato con l'aglio e insaporito con l'olio nuovo, naturalmente extravergine di oliva.

Al pomodoro

Il pane raffermo abbrustolito, strusciato con l'aglio, è condito col pomodoro fresco tagliato a dadini con olio, sale e basilico.

Al pomodoro sfiziosa

Mettete in una ciotola il pomodoro tagliato a dadini, una cipolla tritata, una manciata di capperi, alcune foglioline di basilico, una di menta, un pizzico di origano, pepe, un po' di olio vergine di oliva. Lasciate insaporire un quarto d'ora prima di versare sul pane tostato.

Alle olive e funghi

Pulite alcuni champignon, tagliateli a fettine e fateli rosolare con uno spicchio d'aglio; togliete l'aglio e fateli raffreddare, poi uniteli a qualche oliva nera snocciolata e tritate grossolanamente il tutto. Stendete il composto sul pane tagliato a fettine e tostato.

All'ortolana

Tagliate il pomodoro a pezzetti, uniteci due cipolle a fettine, una carota sminuzzata, basilico, sale, pepe, olio; lasciate insaporire prima di utilizzarlo.

Alla napoletana

Ponete su una teglia il pane a fette tostato; copritelo col pomodoro a pezzetti, aggiungete una mozzarella tagliata a fettine, acciughe sotto sale a pezzetti (lavate e asciugate), origano, sale e pepe. Passate in forno caldo per pochi minuti.

Al peperoncino

Mettete a marinare il pomodoro tagliato a pezzetti con l'olio, il sale e molto peperoncino. Lasciare riposare per una mezz'oretta, e quindi disponete sulle fette di pane abbrustolito.

Alle verdure

Tagliate a pezzetti un peperone, una melanzana, due zucchini; sciogliete due acciughe nell'olio caldo con uno spicchio di aglio, poi toglietelo e condite le verdure; lasciatele riposare dieci minuti prima di distribuirle sul pane tostato.

Alla provenzale

Tagliate sottilmente della lattuga, uniteci del tonno in scatola sminuzzato, delle olive snocciolate a fettine, un uovo sodo spezzettato. Condite con olio vergine di oliva; al momento di distribuirlo sul pane, guarnite con un pezzetto di acciuga.

Sformatino alla carota

200 gr. pane raffermo; 4 carote; ½ porro; 1 gambo di sedano; ¼ di lt. di panna liquida; 1 uovo; sale; pepe; olio; 1 etto di gorgonzola dolce.

Insaporite il porro nell'olio, aggiungete il sedano a pezzi e infine le carote; fate stufare con pochissima acqua; aggiungete il sale e una macinata di pepe.
Bagnate il pane, strizzatelo e frullatelo bene insieme al resto; quando sarà intiepidito, versateci metà panna, poi l'uovo intero e frullate ancora; versate in quattro stampini imburrati e infarinati e cuocete a forno medio per un'ora.
Nel forno a microonde possono bastare 20 minuti.
Quando sono cotti, lasciateli intiepidire prima di rovesciarli nei singoli piatti.
Guarniteli con una salsa fatta con il gorgonzola e la restante panna frullati insieme.

Sformatini di cavolfiore

200 gr. di pane raffermo; 1 piccolo cavolfiore; 100 gr. di ricotta; sale; pepe; 1 uovo; salsa di pomodoro; qualche foglia di basilico; latte.

Ammorbidite il pane nel latte; lessate il cavolfiore; frullateli insieme alla ricotta, aggiustate di sale e pepe. Aggiungete l'uovo e mescolate ancora.
Imburrate quattro stampini, infarinateli, versateci il composto e cuocete in forno medio per un'ora.
Una volta cotti, rovesciateli nei singoli piatti e guarniteli con una salsa di pomodoro e qualche fogliolina di basilico.

Crostini caldi alla mozzarella

Sbattete due uova con un goccio di latte, sale e abbondante pepe, mettete al fuoco in una padella antiaderente con un po' di burro, mescolando continuamente con una paletta di legno; aggiungete poi una mozzarella a pezzetti e girate un'ultima volta velocemente; l'impasto deve rimanere morbido.
Versare sul pane tostato e servire subito.

Crostini dell'Annalisa

Montare col burro abbondante parmigiano e semi di finocchio; spalmate quindi su piccole fette di pane tostato e passatele pochi minuti nel forno caldissimo per farle abbrustolire.

PRIMI

Pancotto o pappa di pane

Questo è in assoluto il piatto più povero e più antico della cucina toscana, che ha molte varianti in tutta Italia, ma tutte accomunate dall'estrema semplicità degli ingredienti. Alcuni ci aggiungono del parmigiano grattato, ma la ricetta originaria è senza.
La pentola ideale per la pappa di pane è quella di coccio.

250 gr. di pane toscano raffermo; 2 spicchi d'aglio; olio vergine d'oliva; sale; pepe.

Insaporite l'aglio con un po' d'olio, poi aggiungete il pane a pezzi e rigiratelo bene. Aggiungete un litro di acqua calda salata e fate cuocere 20 minuti a fuoco basso, rigirando spesso perché non attacchi.
Si serve tiepido, con una spolverata di pepe fresco e un filo d'olio extravergine di oliva.

Pappa al pomodoro

Nel '600, con l'introduzione del pomodoro, la pappa di pane si arricchì di questo ingrediente.

250 gr. di pane toscano raffermo; 400 gr. di pomodori maturi o una grossa scatola di pelati; 2 spicchi d'aglio; salvia; sale; pepe; basilico; olio vergine d'oliva.

Imbiondite in un tegame l'aglio e la salvia con l'olio, poi aggiungete i pomodori a pezzi e fate cuocere a fuoco basso per mezz'ora; salate e pepate; versateci poi un litro di acqua bollente e quando rialza il bollore aggiungete il pane tagliato a pezzi.
Fate cuocere un quarto d'ora, mescolando bene.
Si serve tiepido, dopo averlo mescolato bene un'ultima volta, condito con olio crudo e foglie di basilico.

Acquacotta maremmana

300 gr. di pane toscano raffermo; 2 cipolle; 300 gr. pomodori maturi; pecorino grattugiato; 4 uova; 1 gambo di sedano; sale; pepe; olio vergine di oliva.

Tagliate le cipolle a fettine e fatele imbiondire in un tegame con un po' d'olio; unite il gambo di sedano a pezzetti, poi i pomodori; fate cuocere a fuoco basso per mezz'ora, aggiustate di sale e pepe. Versateci un litro di acqua calda o brodo di verdura e cuocete ancora per mezz'ora.

Aggiungete le uova una per una, in modo che, rassodando, rimangano intere.

Nelle scodella mettete due fette a testa di pane raffermo abbrustolito, cospargetele di pecorino grattugiato, conditele con un filo d'olio; versateci sopra una ramaiolo di acquacotta caldissima, in modo che tocchi a ognuno un uovo sodo.

Pancotto con le patate

400 gr. di pane raffermo; 2 grosse patate; 100 cl. di brodo; 100 gr. di rucola; 1 spicchio d'aglio; 1 peperoncino rosso intero; sale; olio d'oliva extravergine di oliva.

Pelate le patate e tagliatele a fette; pulite la rucola; intanto portate a bollore in una pentola di coccio il brodo con l'aglio e il peperoncino intero; aggiungete le patate e dopo dieci minuti aggiungete la rucola. Quando le patate sono cotte, mettete anche il pane a pezzi, girandolo bene, ma senza ammorbidirlo troppo. Condite con olio crudo e servite.

Ribollita

300 gr. di pane toscano raffermo; 400 gr. fagioli bianchi secchi; 1 mazzo di cavolo nero; 3 mazzetti di bietola; 2 patate; 2 carote; 1 gambo di sedano, 1 cipolla; 1 cucchiaio di conserva di pomodoro; sale; pepe; olio vergine di oliva.

Mettete a bagno i fagioli per dodici ore; poi lessateli in un litro di acqua salata.
Tagliate a pezzi non troppo piccoli la carote, il sedano, le patate; affettate le cipolle e mettete tutto a insaporire in un tegame con l'olio; aggiungete il cavolo tagliato; versateci poi il brodo dei fagioli, più la metà dei fagioli passati nel passatutto, un cucchiaio di conserva di pomodoro.
Cuocete almeno tre quarti d'ora, poi aggiungete il pane a pezzi e i fagioli interi e fate cuocere ancora un quarto d'ora.
Lasciate riposare poi servite, dopo averlo scaldato nuovamente, condito con olio vergine di oliva.

Panzanella

Piatto estivo fiorentino per eccellenza; ogni famiglia ha la sua ricetta; questa è la nostra.

Pane toscano raffermo; 2 pomodori; 2 mazzetti di radicchio; basilico; sale; olio; aceto; cipolla.

Tagliate a listarelle sottilissime il radicchio, lavartelo e asciugatelo.
Tagliate a fettine la cipolla e affettate i pomodori.
Inzuppate il pane nell'acqua, poi strizzatelo bene tra le mani e sbriciolatelo.
Unitevi gli altri ingredienti, mescolate bene e servite freddo, condito con olio, sale e aceto.
Volendo, la cipolla può essere servita a parte, in modo che ognuno ne metta quanta ne vuole.

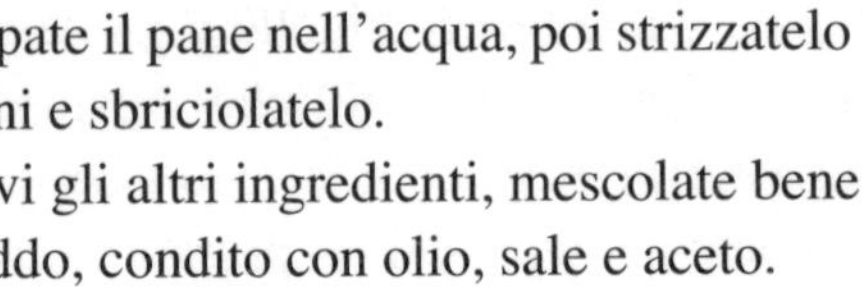

Crema di cipolle

La versione toscana della più famosa "Soup aux oignons".

2 kg. di cipolle bianche; pane toscano raffermo tagliato a fette; brodo di carne; parmigiano grattugiato; sale; pepe; olio vergine di oliva.

Tagliate a fette le cipolle bianche e fatele cuocere coperte a fuoco molto basso con l'olio, il burro, il sale, il pepe per almeno tre ore, oppure un'ora nella pentola a pressione con un goccio di brodo, in modo che quasi si disfino.
Aggiungete del brodo di carne in modo che diventino come una crema.
Tostate il pane a fette, cospargete di abbondante parmigiano, versateci sopra la crema di cipolle, aggiungete pepe macinato sul momento.

Zuppetta di fave

8 fette di pane toscano raffermo; 500 gr. di fave fresche o surgelate; 2 cipolle; 1 uovo; 50 gr. di pecorino grattugiato; sale; pepe; brodo vegetale; olio vergine di oliva.

Fate rosolare lentamente le cipolle tritate, poi aggiungere le fave, il sale, il pepe e insaporite.
Coprite col brodo e cuocete lentamente per circa mezz'ora; quando le fave sono morbide, sbattete l'uovo con il pecorino grattugiato e amalgamatelo al resto.
Ponete le fette di pane raffermo nelle scodelle e versateci sopra la zuppa.

Minestra di piselli

200 gr. di pane bianco raffermo; 800 gr. di piselli freschi o surgelati; 1 mazzetto di spinaci; odori (cipolla, sedano, carota, prezzemolo, 1 spicchio d'aglio); sale; pepe; parmigiano grattugiato; olio; ½ bicchiere di latte.

Mettete a bagno il pane nel latte, poi strizzatelo bene.
Tritate gli odori e fateli rosolare con un po' d'olio e mezzo bicchiere di acqua; quando questa è evaporata, unite i piselli, poi gli spinaci lavati e tagliuzzati, insaporiteli per qualche minuto, aggiungete acqua calda fino a coprire il tutto e fate cuocere per circa tre quarti d'ora.
Metteteci il pane ammorbidito, il latte e frullate il tutto.

Abbrustolita di formaggi

300 gr. di fette di pane bianco raffermo; 200 gr. di fontina a fettine; 200 gr. di gruviera a fettine; 100 gr. di parmigiano grattugiato; 1 litro di brodo vegetale o di dado.

Ungete una pirofila di burro, metteteci uno strato di fette di pane, poi i tre formaggi a fettine, proseguite con altri strati finendo con i formaggi.
Versateci sopra il brodo bollente e passate nel forno caldo per mezz'ora finché i formaggi si sciolgono facendo una crosticina croccante.
Questo piatto può essere un sostanzioso piatto unico o anche un secondo.

Zuppa parmentier

8 fette di pane raffermo; 400 gr. di patate; 2 porri; 30 gr. di burro;1 bicchiere di latte; 1 tuorlo d'uovo; 1 lt. di brodo vegetale o di dado; sale; pepe.

Tagliate a fettine sottili i porri e fateli imbiondire nel burro; aggiungete le patate tagliate a fettine, il

brodo, il latte, il sale, il pepe e cuocete a fuoco basso in una pentola coperta.
Alla fine incorporare il tuorlo d'uovo e versare ancora bollente sulle fette di pane.

Passatelli in brodo

200 gr. di pane raffermo grattugiato; 3 cucchiai di grana grattugiato; 3 cucchiai di farina; 4 uova; sale; pepe; noce moscata.

Unite al pangrattato tutti gli ingredienti e lavorateli bene in una terrina in modo che risulti una pasta morbida.
Versate il composto nel brodo bollente attraverso un passa-passatelli o, in mancanza, attraverso un passino a fori grossi.
Cuocete a fiamma bassa per cinque minuti.

Zuppa ottobrina

Pane toscano raffermo a fette; 1 osso di prosciutto; 300 gr. di fagioli secchi; 300 gr. di cavolo nero; 300 gr. di pomodori perini o pelati; 200 gr. di zucca gialla; 2 patate; 50 gr. di pancetta a fettine; odori (cipolla, aglio, sedano, carota, prezzemolo); sale; pepe; olio vergine di oliva.

Mettete a bagno i fagioli per dodici ore, poi lessateli in abbondante acqua salata con l'osso di prosciutto.

Mettete in un tegame gli odori a pezzi e insaporiteli con la pancetta; unite la zucca tagliata a dadini, le patate a pezzi, i pomodori; rosolate ancora un poco, poi aggiungete i fagioli con la loro acqua di cottura (senza l'osso di prosciutto), il cavolo nero lavato e tagliuzzato, il sale, il pepe, mescolando bene.

Cuocete a fuoco basso per circa mezz'ora, poi lasciate riposare.

In una teglia di coccio mettete sul fondo le fette di pane raffermo e versateci sopra la zuppa; aspettate qualche minuto prima di servire.

Torta salata alla pancetta

Questa torta salata, molto saporita, può essere usata come secondo o anche come piatto unico.

1 tazza di mollica di pane; 200 gr. di parmigiano; 100 gr. di pancetta tagliata a cubetti; 2 uova; un po' di latte; sale; pepe; un po' di burro per ungere la teglia.

Rosolate la pancetta per alcuni minuti, aggiungete la mollica ammorbidita nel latte, le uova intere, il sale, abbondante pepe e amalgamate bene.
Imburrate una teglia e versateci il composto; cuocete in forno a 200° C per circa mezz'ora.

Flan di formaggio

10 o 12 fette di pane bianco raffermo o di pane in cassetta, 20 sottilette, 2 uova, 50 gr. di grana grattugiato; noce moscata; 75 ml. di latte; un po' di burro per ungere la teglia.

Ungete una pirofila rettangolare con un po' di burro; inzuppate bene le fette di pane nel latte e dispone-

tele sul fondo della pirofila; copritele con uno strato di sottilette; fate tre strati, finendo con le sottilette. Sbattete poi le uova con il restante latte, uniteci il grana grattugiato e la noce moscata.
Versatelo nella pirofila in modo che sia tutto ben inzuppato; mettetelo in forno a 180° C finché non è gonfiato e ben dorato. Servite subito.

Gnocchi di pane

1 litro di latte; 6 grosse fette di pane bianco; 3 uova; 2 cucchiai di farina; sale; pepe; noce moscata; burro; grana grattugiato; 1 fetta di gorgonzola.

Mettete il pane nel latte finché è completamente ammorbidito; passatelo nel tritatutto, aggiungete le uova, la farina e gli altri ingredienti. Fate un impasto e dividetelo in piccoli gnocchi.
Lessateli in acqua salata e conditeli con il burro, il gorgonzola sciolto in un goccio di latte e abbondante parmigiano.

Panata piemontese

200 gr. di pane raffermo a pezzi; brodo di carne; 200 gr. di tuma della Valsusa; burro.

Versare il pane nel brodo bollente sbollentandolo per pochi minuti; aggiungete il formaggio a pezzi e tenete ancora sul fuoco finché il pane avrà assorbito il brodo e il formaggio si sarà sciolto. Condite con una noce di burro.

Minestra panata alla triestina

100 gr. di pane raffermo tritato; 4 uova; 70 gr. di burro; 150 gr. parmigiano grattugiato; noce moscata; sale; pepe; brodo.

Montate il burro con 100 gr. di parmigiano, il sale, il pepe, la noce moscata. Aggiungete una cucchiaiata di pane, poi le uova, incorporandole una per volta; alla fine aggiungete il resto del pane.
Lavorate l'impasto per farne delle palline; buttatele nel brodo bollente per pochi minuti, poi servitele nelle scodelle col resto del parmigiano grattugiato.

Zuppa di ceci

8 fette di pane toscano raffermo; 600 gr. di ceci; 3 spicchi d'aglio; salvia fresca; sale; pepe; olio extravergine di oliva.

Tenete i ceci a bagno nell'acqua per una notte poi lessateli in acqua salata. Quando sono cotti, toglietene una parte e passate nel passaverdure gli altri, conservando l'acqua di cottura.
Rosolate in una casseruola l'aglio con la salvia, poi versateci i ceci passati e quelli interi e fateli insaporire. Aggiungete l'acqua di cottura dei ceci e cuocete a fuoco basso, coperto, per 10 minuti.
Ponete le fette di pane raffermo tostato sul fondo delle scodelle e versateci il tutto. Spolverate con abbondante pepe macinato.

Sartù di riso

500 gr. di riso; 100 gr. di pane raffermo; 1 chilo di pomodori; 4 uova; 200 gr. di carne di manzo tritata; 150 gr. di provola; 200 gr. di salame; 200 gr. di fegatini di pollo; 1 cipolla; farina; sale; pepe; olio extravergine di oliva.

Tritate la metà del pane per farne pangrattato; mettete a mollo nell'acqua l'altro e strizzatelo bene.
Fate una salsa con i pomodori, la cipolla e l'olio, mettetene da parte qualche cucchiaiata e versate nella restante il riso, tirandolo a cottura.
Mentre questo raffredda, unite il pane ammorbidito alla carne tritata, formate delle palline molto piccole, passatele nella farina e friggetele; soffriggete a parte i fegatini ben puliti del fiele e fatti a pezzetti, poi uniteli alle polpettine.
Insaporite il tutto con la salsa di pomodoro messa da parte.
Rassodate le uova e tagliatele in quarti; tagliate a pezzetti anche la provola e il salame.
Mescolate delicatamente al composto di polpettine e fegatini.
Ungete col burro uno stampo alto a forma di cono, cospargetelo col pangrattato e disponete sul fondo il

riso in uno strato abbastanza alto, lasciando da parte qualche cucchiaiata. Riempite con il composto e chiudete con il restante riso.
Cospargete di pangrattato, metteteci qualche fiocchetto di burro e ponete in forno a fuoco moderato per mezz'ora.
Appena si sarà formata una crosta dorata, toglietelo dal forno, fatelo riposare, poi capovolgete nel piatto di portata.

Strangolapreti

300 gr. di pane raffermo; 3 uova; 1 bicchiere di latte; 300 gr. di spinaci lessati, ben strizzati e tritati; 3 cucchiai di farina; sale; pepe; noce moscata; parmigiano grattugiato; burro.

Bagnate il pane nel latte, strizzatelo bene e tritatelo; uniteci le uova, gli spinaci, la farina, il sale, il pepe, la noce moscata; frullate bene poi fate riposare a lungo. Formate poi degli gnocchetti e lessateli in acqua bollente; conditeli con burro fuso e abbondante parmigiano.

Agliata

Un piatto rustico e molto saporito (a chi piace l'aglio!) che si faceva un tempo sull'Appennino toscano.

6 agli interi; 8 fette di pane raffermo; 1 foglia di alloro; sale; pepe in grani; burro; pecorino grattugiato.

Sbucciare l'aglio e metterlo a cuocere a lungo in mezzo litro di acqua con l'alloro, il sale, i grani di pepe, finché non si sarà completamente disfatto; se è necessario alla fine frullatelo.
Tostate il pane e mettetelo sul fondo delle scodelle; versateci sopra l'agliata e condite con un po' di burro e abbondante pecorino grattugiato.

Zuppa al gruviera

Pane raffermo a fette; 400 gr. di cipolle; 125 cl. di brodo vegetale; 50 gr. di gruviera grattugiato; farina; sale; pepe; 1 noce di burro; olio extravergine di oliva.

Imbiondite in olio e burro le cipolle tagliate a fettine; incorporatevi due cucchiai di farina, unite a poco a poco il brodo bollente e mescolate continuamente per cinque minuti; salate, pepate e cuocete coperto ancora un quarto d'ora.
Distribuite nei piatti le fette di pane, cospargetele col gruviera, versateci sopra la zuppa di cipolle, lasciate riposare cinque minuti e servite.

Zuppa di zucca

3 fette di pane raffermo; 1 kg. di zucca; 150 gr. di gruviera; 2 patate; 20 cl. di panna; 40 gr. di burro; 150 cl. di brodo; 2 cipolle; sale; pepe.

Tagliate la polpa della zucca a pezzetti e cuocetela al vapore per 20 minuti; in un tegame scaldate il burro, imbiondite le cipolle tritate, poi aggiungete le patate tagliate a dadini e la zucca; regolate di sale e pepe; aggiungete il brodo caldo e cuocete la zuppa per mezz'ora.
Bagnate il pane nel brodo, strizzatelo, uniteci il gruviera tritato, la panna e amalgamateli al resto del composto.

Zuppa di trippa

400 gr. di pane raffermo a fette; 500 gr. di trippa già cotta; 500 gr. cipolline novelle; 2 peperoncini rossi piccanti; 70 gr. di pecorino grattugiato; burro; sale.

Tagliate la trippa a fettine sottili; tagliate a spicchi le cipolline, mettetele in una teglia con il burro, poi

aggiungete la trippa, coprite di acqua e fate cuocere a fuoco basso per un'ora, coperto.
Tostate il pane, strofinatelo con il peperoncino e mettetelo sul fondo di una zuppiera; versateci sopra la zuppa bollente e servite spolverando di pecorino.

Zuppa valtellinese

1 kg. di pane raffermo a fette; 50 cl. di brodo di carne; ½ cavolo verza; 400 gr. di fontina a fette sottili; burro; aglio; rosmarino; salvia; sale.

Lessate il cavolo tagliato a fettine sottili, poi disponete sul fondo di una pirofila le fette di pane, il cavolo, la fontina in diversi strati finendo con la fontina.
Versateci sopra il brodo; aromatizzate il burro con l'aglio, la salvia, il rosmarino e versatecelo sopra.
Mettete in forno a fuoco basso un'ora circa, finché si sarà formata sopra una crosticina.

Cavatelli ai funghi

Per i cavatelli:
150 gr. di farina 00; 150 gr. di semola di grano duro.

Per il sugo:
1 tazza di mollica di pane raffermo; 300 gr. di funghi misti; 2 spicchi d'aglio; peperoncino in polvere; origano; sale; formaggio pecorino grattugiato.

Impastate acqua, semola e farina e tirate una sfoglia sottile; tagliatela a strisce di 5 cm. e poi in striscioline di 1 cm.; dategli la forma di un cavatappi, ruotandole con tre dita.
Preparate il sugo: saltate i funghi con olio insaporito di aglio e peperoncino; unite la mollica tritata e mescolate bene.
Lessate i cavatelli, scolateli e conditeli col sugo; polverizzateli col pecorino grattugiato.

Canederli

400 gr. di pane bianco raffermo; 25 cl. di latte tiepido; 4 uova; 100 gr. di pancetta tritata; 50 gr. di burro; 1 cucchiaio di erba cipollina tritata; 1 pizzico di noce moscata; 50 gr. di farina; sale; brodo di carne o di dado.

Ammorbidite il pane nel latte; soffriggete leggermente la pancetta, unitela al pane, aggiungete le uova, l'erba cipollina, la noce moscata, il sale, la farina.
Amalgamate bene, poi fatene delle palle rotonde di cinque/sei cm. di diametro e bollitele in una pentola di brodo per un quarto d'ora.
Si servono in brodo oppure asciutti, conditi con burro e grana grattugiato.

SECONDI

Polpettone di pane e mortadella

300 gr. di pane raffermo; 200 gr. di mortadella tritata; 200 gr. di manzo tritato; 2 grosse patate lessate; 2 uova; 50 gr. di parmigiano grattugiato; prezzemolo; aglio; sale; pepe; noce moscata; ½ bicchiere di vino bianco; 1 bicchiere di brodo.

Lavorate bene con le mani tutti gli ingredienti, poi dategli la forma del polpettone; infarinatelo e fatelo rosolare nell'olio; versateci il vino, fatelo sfumare, girandolo bene.
Aggiungete il brodo e cuocete coperto a fuoco basso per un'ora circa.

Polpettone alla napoletana

250 gr. di pane raffermo; 500 gr. di manzo macinato; 4 uova più 3 uova sode; 50 gr. di parmigiano grattugiato; 50 gr. di prosciutto cotto; 100 gr. di provolone; 50 gr. di olio; 500 gr. di pomodori maturi; 50 gr. di concentrato di pomodoro; 1 cipolla; prezzemolo; basilico; sale; pepe.

Ammorbidite il pane nel latte o nel brodo e strizzatelo bene, poi impastatelo con la carne e le uova crude, il prezzemolo, il parmigiano, il sale, il pepe; lavoratelo bene poi stendetene la metà sopra un tagliere.
Tagliate a fettine il prosciutto cotto, il provolone e fate a fette le uova sode; appoggiate questi ingredienti sopra la carne e ricoprite con il resto; fate in modo da dare al polpettone una forma allungata.
In una padella abbastanza fonda rosolatelo da tutte le parti stando attenti che non si rompa.
Preparate a parte una salsa di pomodoro con la cipolla, il concentrato, i pomodori maturi, il sale, il pepe.
Versatela nella padella e terminate la cottura del polpettone; ci vorrà almeno mezz'ora; alla fine aggiungete il basilico fresco.

Pollo alla frutta secca

200 gr. di pane raffermo; 1 pollo; 100 gr. di prugne snocciolate; 100 gr. di albicocche secche; 100 gr. di castagne lessate; 50 gr. di pinoli; 1 uovo; ½ bicchiere di latte; ½ cipolla; olio; burro; noce moscata; salvia; rosmarino; sale; pepe.

Lavate il pollo svuotato, salatelo e pepatelo all'interno, mettetelo in un tegame e rosolatelo nel burro insaporito con la cipolla, la salvia, il rosmarino; bagnatelo con dell'acqua, copritelo e fatelo cuocere a fuoco basso per 20 minuti.
Bagnate il pane nel latte, strizzatelo e unitelo alla frutta spezzettata, ai pinoli, all'uovo; salate, pepate e aggiungete abbondante noce moscata grattugiata.
Togliete il pollo dal tegame, fatelo un po' raffreddare poi farcitelo con il composto; cucitelo e rimettetelo a cuocere per quaranta minuti.

Sformato di carne

500 gr. di avanzi di carne cotta; 200 gr. di pane raffermo ammorbidito nel latte; 2 uova; 50 gr. di parmigiano grattugiato; noce moscata; pangrattato; burro; sale; pepe.

Tritate insieme gli avanzi di carne, meglio se di qualità diverse, aggiungete il pane, i tuorli delle uova, il parmigiano, la noce moscata grattata, dosate di sale e di pepe.
Montate a neve le chiare e unitele al composto.
Ungete una pirofila con un po' di burro, cospargetela di pangrattato e versateci il tutto.
Metteteci sopra ancora un po' di pangrattato e qualche fiocchetto di burro.
Infornate a forno caldo per quaranta minuti.

Spiedini saporiti

16 fettine di pane raffermo; 12 fettine di prosciutto cotto tagliato alto; 12 fettine di mozzarella; 40 gr. di filetti di acciughe sott'olio; 100 gr. di burro; pepe; 4 stecchini lunghi di legno.

Infilate negli spiedini, alternandoli, il pane, il prosciutto, la mozzarella; imburrare una piccola teglia e metteteci gli spiedini; fateli dorare in forno caldo per pochi minuti.
A parte sciogliete i filetti di acciughe nel burro per pochi secondi sul fuoco e poi versateli sugli spiedini.

Petto di vitella alla salsiccia

200 gr. di pane raffermo; 1 kg. di petto di vitella tagliata a tasca; 6 salsicce; 1 cipolla; 50 gr. di burro; brodo; sale; 1 tazza di brodo; olio extravergine di oliva.

Spellate le salsicce, sbriciolatele e fatele rosolare; in una ciotola mescolatele con la cipolla tritata, col pane ammorbidito nel brodo, salate e pepate.

Con questo composto riempite la tasca della vitella, poi cucitela col filo da cucina.
Mettetela a rosolare in un tegame con olio e burro; copritela, aggiungete il brodo e portatela a cottura, coperta, in un'ora e mezza circa. Tagliatela tiepida.

Pesce scappato

4 fette di pane raffermo; 1 grossa scatola di tonno; 2-3 acciughe sott'olio; capperi; maionese; 2 uova sode; 30 gr. di burro.

Bagnate il pane nel latte, strizzatelo bene, unitelo al tonno e alle acciughe e frullatelo in modo che il tutto rimanga abbastanza consistente.
Mettete il composto sopra un vassoio e dategli con le mani la forma di un pesce; copritelo con la maionese ben soda e guarnitelo con i capperi e le uova sode a fettine.

Polpettine di trota

4 fette di pane raffermo; 2 trote diliscate; 1 uovo; 2 acciughe sott'olio; prezzemolo; un po' di latte; pangrattato; sale; pepe.

Bagnate il pane nel latte e strizzatelo bene; lessate al vapore le trote, poi frullatele col pane, l'uovo, le acciughe, il sale e il pepe; aggiungete il prezzemolo tritato. Fatene delle palline, passatele nel pangrattato e friggetele.

Sformatini di aringhe

400 gr. di pane raffermo; 2 aringhe dissalate; 3 uova; 1 tazza di latte; 2 cucchiai di burro fuso; pepe.

Ammorbidite il pane nel latte, poi strizzatelo bene; mettetelo nel frullatore con il burro, le aringhe, i tuorli d'uovo, il pepe; montate a neve le chiare e unitele delicatamente al resto.
Imburrate quattro stampini, versateci il composto.
Poneteli in forno a 120° C per circa 25 minuti. Serviteli subito.

Arrotolato di agnello

1 kg. di spalla di agnello disossato; 1 bicchiere di mollica di pane raffermo; 1 uovo: 100 gr. di piselli; 100 gr. di prosciutto cotto tagliato a dadini; odori (carota, gambo di sedano, prezzemolo, maggiorana, rosmarino, aglio); sale; pepe; olio.

Battete la carne per ottenere una fetta larga; lessate i piselli oppure utilizzate un avanzo di piselli già cotti; imbiondite la carota con l'aglio e il gambo di sedano; quando si sono freddati, unite i piselli, il prosciutto, la mollica, il prezzemolo, la maggiorana e infine l'uovo; deve risultare un impasto abbastanza consistente.
Ponete la farcia al centro della fetta di agnello, arrotolatelo e legatelo, chiudendo bene alle estremità.
Rosolate il rotolo in olio insaporito con il rosmarino e cuocete a fuoco moderato per circa 45 minuti.
Lasciate intiepidire prima di tagliarlo a fette.

Polpettine al marsala

400 gr. di macinata; 2 uova; 50 gr. di prosciutto cotto tritato; 2 bicchieri di mollica di pane raffermo; 1 bicchiere di marsala; 100 gr. di burro; latte; farina; sale; pepe.

Ammorbidite il pane nel latte, strizzatelo e uniteci le uova e il prosciutto; dosate di sale e di pepe, fatene delle piccole polpettine, infarinatele e friggetele. Versate nella padella il marsala col burro e fate insaporire finché il sugo non si addensa.

Frittata di pane

2 fette di pane raffermo; 6 uova; 2 cucchiai di grana grattugiato; latte; prezzemolo; sale; pepe; burro.

Bagnate il pane nel latte e strizzatelo; in una fondina battete la uova col formaggio grattugiato, il prezzemolo tritato, il sale, il pepe; aggiungete il pane e cuocete in una padella antiaderente con un po' di burro; giratela con un coperchio piatto e rosolate l'altro lato.

Calamari al forno

4 calamari del peso di 250 gr. circa; 150 gr. di mollica di pane raffermo; 150 gr. di parmigiano grattugiato; 2 manciate di prezzemolo; 2 albumi d'uovo; 4 cucchiai di olio vergine d'oliva; sale; pepe.

Pulite i calamari, tagliando via i tentacoli; tritate questi ultimi e mescolateli al pane, al parmigiano, al prezzemolo e agli albumi d'uovo un po' sbattuti; dosate il sale e il pepe. Riempite i calamari con il composto e chiudeteli con uno stecchino.
Poneteli in una piccola pirofila unta d'olio, rigirateli e cuoceteli coperti in forno a 200° C per circa tre quarti d'ora.

Involtini di tonno

8 fette sottili di tonno fresco; 100 gr. di tonno tritato; 1 tazza di mollica di pane raffermo; 1 manciata di prezzemolo tritato; 1 cipolla piccola tritata, 1 uovo; 1 uovo sodo tritato; 1 cucchiaio di pecorino grattugiato; 300 gr. di pomodori pelati; olio vergine d'oliva; sale; pepe; latte.

Ammorbidite la mollica nel latte, strizzatela e mettetela in una terrina; unite il tonno tritato, il prezzemolo, l'uovo sodo sminuzzato, l'uovo intero, il pecorino, il sale e il pepe.
Amalgamate bene e ponete al centro delle fettine di tonno, arrotolatele e chiudetele con uno stecchino.
In un tegame imbiondite la cipolla con il pomodoro, salate e pepate; appena comincia a bollire, unite gli involtini e cuoceteli a fuoco basso per circa dieci minuti, rigirandoli ogni tanto.

Sarde ripiene

700 gr. di sarde fresche; 2 uova; 1 bicchiere di mollica di pane raffermo; 2 cucchiai di parmigiano grattugiato; 2 cucchiai di prezzemolo tritato; farina; latte; pangrattato; sale; pepe; 1 limone; olio vergine di oliva.

Aprite le sarde, togliete la testa e la spina senza staccare i filetti. Amalgamate in una terrina la mollica bagnata nel latte e strizzata, il parmigiano, il prezzemolo, il rosso di un uovo, sale e pepe.

Appoggiate sul tagliere una sarda, spalmatela con il composto e copritela con un'altra sarda. Infarinate le sarde a coppie, quindi passatele nell'uovo sbattuto (un rosso e due albumi) e poi nel pangrattato.

Friggetele in olio caldo e servitele guarnite di fettine di limone.

Sgombri al forno con le olive

4 sgombri di circa 250 gr. ognuno; 250 gr. di radicchio di Treviso; 50 gr. di mollica di pane raffermo; 1 spicchio d'aglio; 1 cucchiaio di capperi sottosale; 40 gr. di olive snocciolate; 4 filetti di acciughe sott'olio; 1 cucchiaio di prezzemolo tritato; ½ peperoncino piccante; sale; olio vergine d'oliva; acqua o brodo vegetale.

Pulite gli sgombri, sciacquateli sotto l'acqua corrente e asciugateli con della carta da cucina.
Ammorbidite il pane nell'acqua o nel brodo vegetale, strizzatelo e uniteci il prezzemolo, i capperi ben sciacquati, l'aglio, le acciughe, le olive, il peperoncino, il sale; amalgamate con poco olio, poi mettete una parte del composto all'interno degli sgombri.
Lavate il radicchio, tagliatelo nel senso della lunghezza e mettetelo sul fondo di una pirofila unta di olio; poneteci sopra gli sgombri ripieni e coprite con il resto del composto.
Irrorate con un filo d'olio e cuocete in forno a 220° C per circa un quarto d'ora.

Vitello ripieno saporito

1 kg. e ½ di vitello in un'unica fetta più 200 gr. di vitello tritato; 1 bicchiere di mollica di pane raffermo; 150 gr. di salsiccia; 100 gr. di lardo affumicato; 1 uovo; 2 cipolle; 500 gr. di patate; qualche bacca di ginepro; pepe in grani; 50 gr. di burro; sale; latte.

Aprite la fetta di vitello e battetela leggermente.
Rosolate la salsiccia sbucciata con il vitello tritato; imbiondite a parte le cipolle tagliate a fettine con il lardo, i grani di ginepro e quelli di pepe; unite poi tutti gli ingredienti, aggiungendo il pane ammorbidito nel latte e strizzato.
Ponete il composto al centro della fetta di vitello, chiudetela e legatela.
In una teglia, unta con abbondante olio, disponete le patate a fette, piuttosto fitte, poi metteteci sopra il vitello ripieno, irrorate con ancora un po' d'olio e cuocete in forno a circa 200° C per un'ora e mezza.

Palline in fricassea

Un piatto gustoso che si accompagna molto bene con gli sformati di verdura.

300 gr. di pane raffermo; 50 gr. di parmigiano grattugiato; 1 uovo intero (e 1 tuorlo per la fricassea); capperi; prezzemolo; dragoncello; sale; pepe; olio vergine di oliva; latte; brodo di dado.

Ammorbidite il pane nel latte, strizzatelo e amalgamatelo con gli altri ingredienti; date al composto la forma di piccole palline, infarinatele e rosolatele in una padella a fuoco vivo; bagnatele con un po' di brodo di dado in modo da formare una salsa densa.
A parte preparate la fricassea sbattendo il tuorlo nel succo di un limone strizzato.
Unite la fricassea alla salsa e alle palline mescolando delicatamente con un mestolo di legno.

Paté di fegato alle olive

250 gr. di pane bianco raffermo; 400 gr. di fegato di vitello; 200 gr. di fegatini di pollo; 50 gr. di pancetta; 100 gr. di olive nere snocciolate; 100 gr. di burro; olio vergine di oliva; ginepro in grani; latte; sale; pepe; gelatina; salvia.

Imbiondite la pancetta nell'olio con la salvia, poi rosolate rapidamente nell'olio il fegato tagliato a pezzi e i fegatini puliti unendo il sale, il pepe, il ginepro; aggiungete le olive negli ultimi secondi.
Togliete il ginepro, le olive, la salvia e frullate bene il pane, precedentemente ammorbidito nel latte, con il fegato e i fegatini; unite il burro e aggiungete per ultimo le olive, che devono restare visibili a piccoli pezzetti.
Ponete il tutto in una terrina rettangolare a misura, premendo bene perché non restino vuoti e lisciando con un coltello. Coprite con la pellicola e mettete in frigo. Dopo qualche ora togliete la pellicola, versateci sopra della gelatina liquida e rimettete in frigo. Servite direttamente nella pirofila, con crostini di pane tostati e burro.

Pollo ripieno ai funghi

250 gr. di pane raffermo; 1 pollo disossato; 500 gr. di funghi porcini; 1 uovo e 1 tuorlo; 250 gr. di provola affumicata; salvia; rosmarino; nipitella; sale; pepe; ½ bicchiere di brodo; olio vergine di oliva.

Pulite i funghi, fateli a pezzi e rosolateli nell'olio insaporito di nipitella; salate e pepate.
Ammorbidire il pane nel brodo, unite la provola a pezzetti, le uova e lavorate l'impasto con le mani; unite anche i funghi e farcite con il composto il pollo pulito.
Legatelo e cuocetelo in forno caldo con olio, salvia, rosmarino per circa un'ora.
Tagliatelo a fette quando è tiepido e versateci sopra il sugo di cottura.

Rifreddo di pollo

250 gr. di pane raffermo ammorbidito nel brodo; 500 gr. di macinata di pollo; 100 gr. di mortadella tritata; 200 gr. di prosciutto cotto tritato; 2 uova; 50 gr. di parmigiano grattugiato; sale; pepe.

Lavorate bene con le mani tutti gli ingredienti, poi metteteli in una pirofila rettangolare unta di burro o meglio foderata di carta da forno.
Chiudete con il coperchio e fate cuocere a bagnomaria per circa un'ora; sarà cotto quando uno stecchino infilato uscirà asciutto.
Si mangia freddo, affettato sottile e guarnito di olive e pomodorini.

VERDURE

Sformato di cavolfiore

250 gr. di pane raffermo; 1 cavolfiore di media grandezza; 50 gr. di parmigiano grattugiato; 5 uova; 250 cl. di latte; pangrattato; noce moscata; sale; pepe.

Lessate il cavolfiore e scolatelo; bagnate il pane nel latte, strizzatelo e unitelo al cavolfiore, sbattendoli con la frusta o una forchetta; aggiungere i tuorli delle uova uno alla volta, amalgamandoli bene, poi il parmigiano e la noce moscata grattata; dosate di sale e di pepe e infine aggiungete le chiare montate a neve.
Ungete di burro uno stampo col buco e cospargetelo di pangrattato.
Versateci il composto e cuocete a bagnomaria per un'ora abbondante.

Carciofi alla provenzale

100 gr. di mollica rafferma; 8 carciofi grandi; 250 gr. di pancetta a fettine; 150 gr. di funghi champignon; 1 cipolla; 1 spicchio d'aglio; prezzemolo; menta; basilico; 1 uovo; 2 cucchiai di latte; noce moscata; sale; pepe; limone.

Pulite i carciofi tagliando il gambo in modo che possano stare ritti e metteteli in acqua acidulata con succo di limone.
Pulite gli champignon e tagliateli a fettine; imbiondite metà cipolla a fettine insieme alla metà della pancetta tritata e fateli rosolare; aggiustate di sale e di pepe.
Ammorbidite la mollica nel latte, uniteci i funghi, l'uovo e il prezzemolo tritato. Riempite con questa farcia il cuore dei carciofi, metteteli ritti in un piccolo tegame, copriteli con una fetta della restante pancetta, e versateci tutto intorno la mezza cipolla affettata fine con l'aglio; irrorate di olio, aggiungete un po' d'acqua e fate cuocere, coperto, a fuoco basso per circa due ore. Se è necessario aggiungete un altro po' d'acqua durante la cottura.

Carciofi saporiti

300 gr. di mollica rafferma; 8 carciofi grandi; 4 uova; 100 gr. di formaggio pecorino; 100 gr. di salame; aglio; prezzemolo; capperi; sale; olio vergine di oliva; limone.

Pulite i carciofi, tagliate il gambo perché possano stare ritti e metteteli in acqua acidulata con il limone.
Ammorbidite la mollica di pane con un po' d'acqua, strizzatela, fate a pezzetti il pecorino e il salame, uniteli alla mollica, poi i capperi, il prezzemolo e l'aglio tritati. Riempite i carciofi con questa farcia e metteteli in un tegame in cui stiano un po' stretti.
Aggiungete acqua e olio fino a metà carciofi; sbattete le uova e versatele sopra.
Cuocete in forno a 150° C per un'ora circa e servite.

Pomodori al gratin

50 gr. di mollica di pane raffermo; 6 pomodori grandi; 1 peperone verde; 1 cipolla; 1 spicchio d'aglio; 25 gr. di groviera grattugiato; 1 cucchiaio di zucchero; 60 gr. di burro; prezzemolo; sale; pepe.

Lavate i pomodori, tagliateli a fette e metteteli in uno strato fitto e un po' sovrapposti in una pirofila appena unta di burro.
Tritate il peperone senza i filamenti bianchi dell'interno, l'aglio, la cipolla, il prezzemolo; aggiungete lo zucchero, il sale, il pepe, la mollica ammorbidita nell'acqua e strizzata e mescolate il tutto ai pomodori; lasciate marinare un quarto d'ora, poi versate il tutto sopra i pomodori, coprite con il groviera tritato e irrorate con il rimanente burro fuso.
Mettete in forno caldo per mezz'ora.

Patate saporite

100 gr. di mollica di pane raffermo; 800 gr. di patate; 6 cipolle; 500 gr. di pomodori maturi; 30 gr. di pecorino grattugiato; ½ cucchiaino di origano essiccato; olio vergine d'oliva; sale; pepe.

Sbucciate e affettate le patate; fatene uno strato in una pirofila unta d'olio e copritele con uno strato di pomodori affettati e un altro di cipolle affettate; continuate fino all'esaurimento degli ingredienti.
Mescolate la mollica al pecorino grattugiato e all'origano e cospargete il tutto.
Versate un filo d'olio e cuocete in forno a 180° C per circa 50 minuti.

Ed ecco due **salse** *classiche con il pane raffermo; la prima è la "salsa verde" tipica per i bolliti; la seconda è la "bread sauce" inglese che accompagna gli arrosti.*

Salsa verde

½ bicchiere di mollica di pane raffermo; 3 acciughe sott'olio; 1 cucchiaio di capperi; ½ bicchiere di prezzemolo tritato; 1 uovo sodo; 1 cucchiaio di aceto; 3 cucchiai di olio vergine di oliva.

Tritate grossolanamente tutti gli ingredienti; aggiungete poi l'olio a filo e per finire l'aceto.

Salsa inglese

60 gr. di pane raffermo; 1 piccola cipolla; 35 gr. di burro; 250 cl. di latte; 5 chiodi di garofano; 5 grani di pepe; 1 foglia di alloro; sale; pepe.

Togliete la buccia alla cipolla e picchiettatela con i chiodi di garofano; mettetela a bollire per 20 minuti nel latte con l'alloro, il sale e il pepe.
Aggiungete il pane, poi frullate il tutto; aggiungete il burro e rimettetela sul fuoco per pochi minuti.

DOLCI

Muffin di cioccolato

½ litro di latte; 2 panini bianchi raffermi; 5 cucchiai di cacao in polvere; 5 cucchiai di zucchero; 2 uova; 1 pizzico di cannella; burro; farina; 1 tavoletta di cioccolato amaro da 250 gr.

Inzuppate i panini nel latte, poi strizzateli e frullateli; aggiungete i tuorli d'uovo, lo zucchero, il cacao, la cannella; aggiungete poi i bianchi montati a neve e versate il composto in sei piccoli stampini imburrati. Cuocete a bagnomaria per un'ora e mezza in forno a 180° C.
Una volta cotto, lasciate intiepidire, poi rovesciatelo sul piatto di portata e versateci sopra una salsa di cioccolata fondente sciolta in un po' di latte e burro.

Frittata dolce

4 uova; 400 gr. di pane bianco raffermo; 50 gr. di burro; 50 gr. di zucchero; scorza di 1 limone; 200 gr. di uvette; 1 pizzico di sale; 1 bustina di zucchero a velo; latte.

Ammorbidite il pane nel latte tiepido; frullatelo insieme alle uova intere, allo zucchero, al burro, alla scorza di limone; aggiungete poi le uvette.
In una padella sciogliete il burro, poi versateci il composto; giratela sull'altro lato aiutandovi con un coperchio quando il primo lato sarà rosolato, quindi ponete la frittata sul vassoio e spolveratela con un po' di zucchero a velo.

Panfritto

8 fette di pane bianco raffermo; 50 cl. di latte; 2 uova; 1 baccello di vaniglia; 1 pizzico di cannella ; 4 cucchiai di zucchero; burro; sciroppo d'acero o miele.

Bollite il latte con la cannella e la vaniglia, quindi, dopo aver tolto il baccello di vaniglia, versatelo sulle fette di pane; quando si saranno ammorbidite, passatele nelle uova ben sbattute e friggetele in una padella con del burro a fuoco abbastanza alto; devono essere croccanti fuori e morbide dentro; servitele calde con dello sciroppo d'acero o del miele.

Pudding Cesarino

Questa vecchia ricetta dell'Artusi si faceva spesso in casa dei miei nonni; è un dolce facile ma molto scenografico.

200 gr. midolla di pane bianco raffermo; 250 + 100 gr. di zucchero; 130 gr. di uva malaga; 130 gr. di uva sultanina; ½ litro di latte; 3 cucchiai di marsala e rum, poi un altro ½ bicchiere di rum; 5 uova; un po' di burro.

Sciogliete a fuoco basso 100 gr. di zucchero e versatelo tutto intorno a uno stampo abbastanza alto senza buco da portare poi in tavola; quando è freddo ungetelo all'interno con il burro.
Tagliate a dadini la midolla del pane e inzuppatelo nel latte; in una ciotola unite al pane strizzato i 250

gr. di zucchero, i tuorli delle uova, il marsala, il rum e sbattete energicamente; aggiungete poi le uvette e le chiare montate a neve. Versate nello stampo e cuocete a bagnomaria per tre ore.
Prima di servirlo, versateci sopra il mezzo bicchiere di rum e dategli fuoco.
È possibile cuocerlo anche nella pentola a pressione per circa mezz'ora.

Plum-pudding

Questo è il tipico pudding inglese di Natale; può essere preparato con molto anticipo, anche settimane, e, contrariamente al nome, non contiene prugne.

Per ogni uovo (due porzioni), calcolate:
20 gr. burro; 30 gr. mollica di pane; 30 gr. di zibibbo; 30 gr. di uva sultanina; 30 gr. di uva di malaga; 15 gr. di cedro candito; 15 gr. di arancia candita; 15 gr. di mandorle sbucciate; 30 gr. zucchero; 1 punta di zenzero e 1 di cannella; 1 cucchiaio di rum; 1 cucchiaino di succo di arancia.

Bagnate le uvette nel rum; frullate le uova con lo

zucchero, poi unite tutti gli ingredienti mescolando bene. Fate riposare l'impasto per qualche ora, poi mettetelo in un grande tovagliolo dandogli la forma di una palla e legatelo bene.
Mettetelo in una pentola di acqua bollente e fatelo cuocere per almeno due ore; se le porzioni sono dodici o più, anche tre ore.
Si serve freddo, dopo averlo bagnato di rum e avergli dato fuoco portandolo in tavola.

Focaccia di ricotta

500 gr. di pane raffermo grattato; 150 gr. di zucchero; 100 gr. di burro fuso; 300 gr. di ricotta; 3 uova; 30 gr. di lievito di birra; buccia di limone; vaniglia; cognac.

Sciogliete il lievito in poca acqua tiepida e un cucchiaio di zucchero e lasciatelo riposare; intanto amalgamate la ricotta con i tre tuorli e lo zucchero, lavorando bene; aggiungete il pangrattato, poi il lievito e infine le tre chiare montate a neve.
Versate in una tortiera a bordo alto ben imburrata e cuocete in forno caldo per circa 40 minuti.

Mele in carrozza

8 fette di pane raffermo; 1 kg. di mele; 50 gr. di zucchero: 2 uova; olio.

Sbucciate le mele, tagliatele a fettine e cuocetele in poca acqua e zucchero finché formeranno una poltiglia; lasciatele raffreddare.
Spalmate due fette di pane con la composta di mele, unitele insieme, immergete le due facce unite nelle uova sbattute e friggetele nell'olio bollente; asciugatele per togliere l'eccesso di olio e cospargetele di zucchero vanigliato.

Torta rustica

500 gr. pane raffermo; 1 litro di latte; 150 gr. zucchero; 2 uova; 100 gr. fichi secchi ; 100 gr. albicocche secche; 100 gr. uvetta; 40 gr. pinoli; 3 cucchiai di vinsanto; 2 cucchiai di pangrattato.

Ammorbidite il pane nel latte, poi incorporate tutti gli ingredienti e versateli in una teglia imburrata e infarinata; cospargetela con il pangrattato mescolato a un po' di zucchero. Mettete in forno a 200° C per circa 40 minuti; servite freddo o tiepido.

Coppette gelate

300 gr. di pane raffermo grattato; 100 gr. di mascarpone; 100 gr. di zucchero; 3 uova; 6 ciliegine candite; crema di marsala all'uovo.

Inzuppate il pane nella crema al marsala e mettetene un po' sul fondo di ogni coppetta.
Lavorate i tre tuorli con lo zucchero, aggiungete il mascarpone mescolando bene, poi unitevi le chiare montate a neve. Versate il composto nelle coppette e guarnite con le ciliegine.
Tenete in frigo per qualche ora.

Frittelle campagnole

200 gr. di pane raffermo ammorbidito nel latte; 2 uova; 100 gr. di uvette; 100 + 30 gr. di zucchero; ½ bustina di lievito; 1 pizzico di sale; 1 cucchiaio di rum; olio.

Strizzate bene il pane, unite 100 gr. di zucchero e tutti gli altri ingredienti, quindi mescolate con un mestolo di legno in modo che il tutto risulti piuttosto morbido.

Versate l'impasto a cucchiaiate in una padella d'olio bollente e friggete le frittelle poche alla volta.

Una volta cotte, asciugatele nella carta da cucina e rotolatele nello zucchero rimasto.

Budino all'arancia

400 gr. di pane raffermo; ¾ di lt. di latte; 250 gr. di zucchero; 6 uova; 250 gr. di arancia candita a pezzetti; 150 gr. di uvette; 1 bicchierino di vinsanto; 1 barattolo di marmellata di arance amare.

Ammorbidite il pane nel latte, poi frullatelo; aggiungete tutti gli ingredienti lavorandoli bene.

Versateli in uno stampo imburrato o con della carta da forno e cuocere in forno a 180° C per circa tre quarti d'ora.
Al momento di servirlo versarci sopra una salsa fatta con marmellata di arance amare diluita con il vinsanto.

Torta alle noci

400 gr. di pane raffermo; 750 gr. di latte; 200 gr. di zucchero; 2 uova; 100 gr. di pinoli; 200 gr. di noci (pulite); 100 gr. di mandorle; 1 noce di burro; 1 cucchiaio di farina; 1 bustina di zucchero a velo.

Mettete a bagno il pane col latte intiepidito, poi rompetelo grossolanamente con una forchetta. Unite tutti gli ingredienti mescolando con un mestolo di legno.
Versate in una teglia imburrata e infarinata e mettete in forno a 180° C per circa 40 minuti.
Quando è fredda, rovesciate la torta sopra un piatto e spolveratela con lo zucchero a velo.

Torta briaca

100 gr. pane integrale raffermo; 2 tazze di vino ; 2 cucchiai di rum ; 200 gr. di mandorle tritate; 50 gr. di cedro candito a pezzetti; 6 uova; 150 gr. di zucchero; 1 bustina di zucchero vanigliato; ½ cucchiaino di cannella in polvere; ½ cucchiaino di chiodi di garofano tritati; burro; pangrattato.

Sbollentate il vino con la polvere di chiodi di garofano, aggiungete il rum e il pane raffermo spezzettato. Aggiungete le mandorle, il cedro candito, lo zucchero vanigliato, lo zucchero, la cannella e i tuorli delle uova. Montate a neve le chiare e incorporatele delicatamente.
Ungete uno stampo con il burro e cospargetelo di pangrattato. Versateci il composto e cuocete in forno a 200° C per 45 minuti.

Dolce con le mele

8 fette di pane integrale raffermo; 3 o 4 mele; ½ litro di latte; 200 gr. di zucchero a velo; 100 gr. di uvetta; 1 uovo.

Sbattete il tuorlo dell'uovo con il latte, immergeteci le fette di pane e mettetele sul fondo di una teglia imburrata; copritele con le mele sbucciate e tagliate a fette; fate almeno due strati di pane e due di mele. A parte montate la chiara a neve, incorporatevi lo zucchero a velo e versate sull'ultimo strato.
Mettete in forno a 200° C per mezz'ora.

Budino di castagne

250 gr. pane integrale raffermo; 350 gr. di castagne lessate e sbucciate; 150 gr. di cacao; ¾ di lt. di latte; 6 uova; 150 gr di zucchero; 1 cucchiaio di rum; 1 pizzico di cannella; 2 foglie di alloro; 1 noce di burro.

Bollite il latte con le foglie di alloro e la cannella, poi toglietele e ammorbidite il pane nel latte; tritate le castagne e frullatele insieme al cacao, al rum, alle

uova e a 100 gr. di zucchero. Sciogliete il burro con il rimanente zucchero, versatelo tutto intorno a uno stampo da budino col buco e quando è freddo metteteci il composto; fate cuocere a bagnomaria per un'ora e mezzo.
Una volta cotto, freddatelo e tenetelo qualche ora in frigo prima di capovolgerlo.
Guarnitelo con fiocchetti di panna montata.

Frittelle di mirtilli

8 fette di pan carré raffermo; 1 bicchiere di maraschino; 5 cucchiai di zucchero; 100 gr. di mirtilli freschi; 1 bustina di lievito vanigliato; latte; olio per friggere.

Ammorbidite il pane in una zuppiera con il latte, poi strizzatelo; sbattete le uova con lo zucchero e il maraschino; aggiungetele al pane e amalgamate bene; unite per ultimi i mirtilli.
Mettete dell'olio di oliva in una padella a friggete le frittelle versandole a cucchiaiate.
Asciugatele con carta da cucina e cospargetele di zucchero.

Ciambella al cioccolato

8 panini al latte raffermi; 75 cl. di latte; 50 gr. di uvette; 50 gr. di canditi misti; 2 cucchiai di cacao amaro; 8 cucchiai di zucchero; 2 cucchiai di olio vergine di oliva; scorza di arancio; zucchero a velo; burro.

Spezzettate i panini, metteteli in una terrina e copriteli con il latte tiepido, poi strizzateli; unite i canditi, le uvette, il cacao, lo zucchero, la scorza di arancia, l'olio e amalgamate bene.
Imburrate uno stampo col buco e versateci il composto; cuocetelo in forno a 200° C per circa 40 minuti.
Raffreddate la ciambella e capovolgetela cospargendola con zucchero a velo.

Indice

"I Mangiari"

1. *Mangiari lucchesi*
2. *I mangiari di una volta in Garfagnana*
3. *Cucinare il pesce*
4. *Cucinare coi vini lucchesi*
5. *Pane, olio e vino*
6. *A Tavola con l'olio d'oliva*
7. *Viareggio le sue storie e la sua cucina*
8. *Ricette dell'antica cucina massese*
9. *Cucina tradizionale della Lunigiana*
10. *Mangiar coi fiori*
11. *Ricette tradizionali fiorentine*
12. *Siena e il suo Chianti*
13. *Zuppe della Toscana*
14. *Sapori della Maremma*
15. *Oltreserchio. I sapori della memoria*
16. *Tempo di marmellate*
17. *Ricette al caffè*
18. *Dolci della Toscana*
19. *Dolci primo amore*
20. *Torte e ciambelle dolci e frittelle*
21. *Cucina marinara dell'Argentario e dell'Isola del Giglio*
22. *In tutte le salse*
23. *Le ricette della Signora Ada*
24. *L'aceto balsamico modenese. Il sapore della tradizione*
25. *Ceci, fagioli, lenticchie*
26. *La cucina mantovana*
27. *Cucina tradizionale dell'Isola d'Elba*
28. *Appunti di cucina marinella e carrarina*
29. *Un piatto di pasta*
30. *Senza amore non c'é sapore*

31. *SPQR. La tradizione nella cucina romanesca*

32. *La povera nobiltà della trippa*

33. *Ricette e proverbi di Lecce e del Salento*

34. *La vera cucina livornese*

35. *La cucina del single*

36. *Il lardo di Colonnata*

37. *Cucina marinara delle Marche*

38. *Profumo di basilico ~ Cucina genovese*

39. *Pistoia, ricette della tradizione*

40. *Profumo di tartufo*

41. *Cucinare il riso. Risotti e dolci*

42. *Da S. Rossore a Volterra: la grande cucina pisana*

43. *Il miele nel piatto*

44. *Liquori, rosoli e sciroppi*

45. *I piaceri della zucca*

46. *Amor di cioccolato*

47. *Le erbe buone in cucina*

48. *L'albero di Eva. 55 ricette con le mele*

49. *L'abc del baccalà*

50. *Mangiar con le castagne. Primi, secondi, dessert*

51. *Il tesoro dello scoiattolo: le nocciole*

52. *Sapori mitteleuropei. La cucina triestina*

53. *Tra acciuga e sarda*

54. *100 ricette con l'aglio*

55. *Dei formaggi. Ricette e sfizi*

56. *È meglio un uovo oggi…*

57. *La tavola antica ricette all'ortica*

58. *100 volte polpo*

59. *Il gelato: favoloso dolce ghiacciato*

60. *Ricette del paese delle camelie*

61. *Pesce spada di Sicilia*

62. *Biscotti e dolcetti*

63. *Pane… amore e fantasia*

Finito di stampare nel mese di aprile
per conto di maria pacini fazzi editore, Lucca
*